Made in the USA
Las Vegas, NV
30 August 2021

29206944R00069